천년의 숲에 서 있었네

온형근 시집

문학의전당 시인선
173

천년의 숲에 서 있었네

온형근 시집

문학의전당

시인의 말

천년의 숲에 서 있었다.

살아 있는 것들은 모두 기억을 가진다.
기억을 지워내는 유장한 세월의 강을 건너왔어도
다시 촘촘하게 새겨지는 게 기억의 지문이다.
흔적은 천년의 숲에 지금처럼 남을 것이다.
빗방울 하나에도 절절하던 멍울이 남아
맹수의 퀭한 눈으로 숲속을 응시하듯

천년의 숲이 말을 건다.
길들여진 모든 것을 묻고 야생으로 호흡하라고.
머문다는 게 세상살이의 큰 틀이라면
서성거리며 차지하는 잠깐 동안의 그것들,
머뭇머뭇 비우고 덜어야 할 일이다.

2013년 늦가을
천년의 숲에서 오형근

차례

제2부 온순한 박자

제3부 농업학교 나무 선생

제1부 천년의 숲

업보

— 동동(動動)_서사

덕일랑은 뒷 잔에 바치옵고
복일랑은 앞 잔에 바치옵고
덕이라 복이라 하는 것을
드리러 오십시오.
아으 동동다리
—『악학궤범(樂學軌範) 권5』

만들어낸 모든 게
업보라면

넘치더라도 안고 가게
주세요

건너는 동안 남몰래
속사정 토닥토닥 다독여

그대에게 이르는 길
밤길이라도 더듬더듬 헤쳐가게

사대(四大) 강

— 동동(動動)_정월령

정월의 냇물은
아 얼었다 녹았다 정다운데
누리 가운데 나고는
이 몸은 홀로 지내누나.
아으 동동다리
—『악학궤범 권5』

물길은
물의 생각이고
의지다

물길은
너와 내가
어찌할 수 없는

억겁의 세월을
사연으로 발효시켜 둔

자유로운
영혼이다

꽃눈이었을 수줍음

— 동동(動動)_2월령

이월 보름에
아 높이 켠 등불 같아라.
만인 비치실 모습이로다.
아으 동동다리
—『악학궤범 권5』

연초록 가는 줄기에 매달린 그대
메마른 가슴 훑으며 쓸어내던 그대
녹아 흐르는 계곡에 눈 머물던 소리
바람에 흔들리는 햇살로 아롱져 터지는

꽃눈이었을 수줍음을
조금씩 열어 두들겨가면서
함초롬한 치마 밖으로 내미는 버선처럼
빙글빙글 풀어내는 포만

매화 한 송이가 터지고 있었어요
저리 예쁘게 다독거리며 붙어 있는지요
터진 꽃과 이제 막 터지려는 꽃망울이
앞서거니 뒤서거니 가슴을 화안하게

진달래꽃

— 동동(動動)_3월령

삼월 나면서 핀
아 늦봄 진달래꽃이여
남이 부러워할 자태를 지니고 나셨도다.
아으 동동다리
—『악학궤범 권5』

속사정도 모르고
이리 터지려 안달일까
환장하겠네 꽃 피려나 봐
새벽 산의 안부 눈 내리는 날의 삼월이

소나무 백설에 취해 이마에 닿고
더 심한 건 아예 등허리 꺾여
아랫도리를 붙잡네
동동거리며 눈길 쓸며 훑으면서

이 산
고라니 발자욱 선명한데
그 옆 나란히 내 한숨 찍으며
백설로 잡혀든다
아으 동동다리

마음은 봄볕

— 동동(動動)_4월령

사월 아니 잊고 아 오셨네, 꾀꼬리여.
무슨 일로 녹사님은 옛날을 잊고 계신가.
아으 동동다리
—『악학궤범 권5』

꽃이 피었다고
꽃을 보낼 수는 없잖아요

마음에 난 길을 걷듯
가득 피어난 영춘화 화단
꿈길 울울한 한옥 뒤곁 툇마루에서
낙숫물로 팬 처마끝 선을 지상에 긋고
활짝 영접하였지요

한 바가지의 물을 붓고
한 차관의 차를 우려 마셨네요

흐드러진 꽃
흩어진 차향
꽃내음으로 그을리는 봄볕

기억나니

— 동동(動動)_5월령

오월 오 일에
아 수릿날 아침 약은
천 년을 길이 사실
약이라고 받치옵니다.
아으 동동다리
—『악학궤범 권5』

'꽃은 지는 게 아닌 것'이잖아

아름다움은 열정을 지니고 있고 그 열정은 반드시 반사되는 것을 배운다 따신 것들은 메아리가 있다 삶에 대한 젖은 시선은 죽음조차 반짝이게 한다.

(「모감주나무」, 기억나니?)

맑은 물에 발 담그고

— 동동(動動)_6월령

유월 보름에 아 벼랑 가에 버린 빗 같아라.
돌보실 임을 잠시라도 좇아가겠습니다.
아으 동동다리
—『악학궤범 권5』

짊어질 수 없는 꽃들이 날리는 동안
낯을 가린 채 무거워진 고개를 숙였어
길바닥에 뒹구는 버찌들이 시리지고
더 밟히는 게 없어진 후에야
그쪽을 생각해냈어

소리도 없이 가슴도 없이 그림자도 없이
바람은 왜 또 그리 시리게 부는지
그쪽도 그런지

좇아가는 동안 지극하여 눈 감으면
팍팍한 흙길 먼지까지 가벼워져
흩날리는 나비 날디 그칠 때쯤에야
눈부신 그쪽이 궁금하여
아으 당해낼 도리가 없었어

쏟아지는 안절부절

— 동동(動動)_7월령

칠월 보름에
아 갖가지 제물 벌여 두고
임과 함께 지내고자 원을 비옵니다.
아으 동동다리
—『악학궤범 권5』

산만하게 쳐다보는 시선을 접고
아득하니 하나의 색조로 흐린 안개
그 위로 함초롬히 떠 있는 태양

붉은 빛살을 따라
숲을 향한 들창으로
주렁주렁 저절로 슬픔 서린다

무심한 나무껍질도
잎 다 빠져나간 악의를 딛고
걸쭉한 숲으로 살아간다

꽃집의 안부

— 동동(動動)_8월령

팔월 보름은
아 한가윗날이건마는
임을 모시고 지내야만 오늘이 한가위여라.
아으 동동다리
—『악학궤범 권5』

작은 바람 슬쩍 스칠까 싶은 한낮
가고 오는 길에 매인
비르르 떨며 소리 이루는 비울 수 없는 풍경들

더운 날의 아침이 싱그러운 것은 잠든 사이 세상이 차분하게 숙연해져 별과 달빛과 그림자로 머금어 이슬을 낳고 미명을 깊은 가슴울음으로 수없이 썼다 지우며 다 알면서도 모르는 척 아파하면서도 아프지 않은 척하는 몇 개의 세상을 열어두기 때문

아름다움이란 기어이
내 상처를 모두의 기쁨으로 거듭나게 하거나
모두의 상처를 내 안의 따스함으로 버무려 터지려는 것

색(色)을 훔치다

— 동동(動動)_9월령

구월 구 일에
아 약이라 먹는 국화꽃
꽃이 방 안에 드니 향기만 은은하여라.
아으 동동다리
—『악학궤범 권5』

허기진 하늘에

억새꽃

신갈나무 검붉은 하소연

스며

다가갈수록

손길만 멀어지는

이 색소

명주로 훔친다

지리산

— 동동(動動)_10월령

시월에
아 잘게 썬 보로쇠 같아라
꺾어버린 뒤에 지니실 분이 하나도 없어라
아으 동동다리
—『악학궤범 권5』

내가
당신이
서로에게 위안이
아니면

허공이지요

메아리 없는 산은
나무가 없거나
숲이 아니지요

색즉단풍(色卽丹楓)

— 동동(動動)_11월령

십일월 봉당 자리에
아 홑적삼 덮고 누웠네.
슬픈 일이로구나 고운 임 여의고 홀로서 살아감이여.
아으 동동다리
—『악학궤범 권5』

색을 지녀
단풍이라면

난
밤낮을
뜬눈으로 새워
말리겠다

이 고운
풍경 앞에 꿇어

색 든 눈 닫고
만지작거리며

겨울새
— 동동(動動)_12월령

십이월 분지나무로 깎은
아 차려 올릴 소반의 젓가락 같아라.
임 앞에 가지런히 놓으니 손님이 가져다 입에 무옵니다.
아으 동동다리
—『악학궤범 권5』

고맙고 서러웠어
하나의 세계를 열었다가
닫는다는 게

장중한 그리움의 바다이고
엄정한 오도의 내딛음이라는 것을

모든 슬픔이 한꺼번에 몰려왔다가
팔만 사천의 번뇌를 건드리며
슬그머니 형체도 소리도 느낌도 없이
어느새 나무가 되고 새가 되어
휘파람 불며 날아와 고개를 흔들며 지저귀다가
훌쩍 저 나무로 이 나무로 날아가는 것을

움질 꽃

— 처용가(處容歌)

서울 밝은 달밤에 밤늦도록 노닐다가
들어와 자리를 보니 가랑이가 넷이어라.
둘은 내 것이고 둘은 뉘 것인고.
본디 내 것이지마는 앗아간 것을 어찌하리오.
—『삼국유사(三國遺事)』

이곳 꽃은 피어
벌 나비 날아드는데

어찌 낯가릴 수 있으며
꽃 나누어 앉을까

보여질 때 숨을 수 없고
나는 듯 부지런할 때 감춰지지 않으니

바람 휘청 꺾이지 않을 것이고
햇살 간질여도 흐트러지지 않을 것

어느새 꽃이었다가
지는 사이 역시 꽃이었으니

이 세상 꽃이었다가

저 세상 꽃이기도 하다

산꼭대기 찰나

— 황조가(黃鳥歌)

펄펄 나는 꾀꼬리는
암수가 정다운데
외로운 이 내 몸은
뉘와 함께 돌아갈까
—『삼국사기(三國史記) 권13』

꾀꼬리 소리 낼 때 알았다
산벚꽃 동그랗게 밤새 울긋불긋 희고 붉은 배열
퇴색된 마룻바닥으로 꽃잎 잔치 열고
떠난 사람은 시공을 사이에 두고 초 단위로
행로를 바꾸면서 뜨고 가라앉는다

어느 날은 목성에 있다가 금성으로 옮겨가고
어떤 날은 강물 저 아래 상관없이 흘러가고
그만두면 그만이지에 머물렀다가
거칠어지면 어둑해진 햇살에서 서성댄다

희뿌연 날들이 강물로 에둘러 스민다
이런 멈춰 섬과 더듬거림의 자리 잡음에
마음 흩어지고 꽃잎 나부끼며 떨어진다

한꺼번에 잃은 사랑 고즈넉하게 물러나
신자락으로 피이오르는 물기를 들이켠다

여전히 피고 지는

— 정읍사(井邑詞)

달님이시여, 높이높이 돋으시어 멀리멀리 비추어주십시오.
시장에 가 계신가요. 진 데를 디딜까 두렵습니다.
어느 것이나 짐을 풀어놓고 계십시오.
그대 가시는 곳에 날이 저물까 두렵습니다.
— 『악학궤범』

진달래 마음이었을 봄의 당신에게
언덕 물들이던 숨찬 걸음 쉬게 하려
그날 아침 새벽을 가로질러 오르던 길가로
여태 잠깨지 않은 진달래 가지 하나
실낱같은 바람에 하늘거리며

꽃눈 깨운다

아랫녘에서 달려오던 붉은 마음 산을 넘고
계곡과 들판으로 폴싹 가라앉더니 떠날 줄 모른다
잠시 피었다 지는 눈길 붙잡던 당신이 아니라
머물며 서성이듯 오래도록 밟히는 진달래
떠났겠지 돌아보면 여전히 피고 지는

겨울로 가는 눈망울
— 공무도하가(公無渡河歌)

그대여, 물을 건너지 마오.
그대 결국 물을 건너셨도다.
물에 빠져 돌아가시니,
가신 임을 어이할꼬.
—『해동역사(海東繹史)』

사는 게 무거운 찬비의 감촉
길가 섶으로 눈부신 채 숨어든다

걷는 바람의 속삭임 허망한 시선에서
신갈나무 어린나무와 억새 틈새에서

강물에 뛰어드는 아픈 세월의 유전자를 지닌 새가
밤새 젖은 몸 털어주고 매만지며 거뜬해진 채로
저쪽에서 나타나 이쪽으로 머물다
다시 가장자리로 날아가는 산뜻한 강가에서

햇살 정면으로 눈살 찌푸리며
숲에서 만나 견고히 나무들에 손 흔들다 지나는
백수광부여 그대의 술병 사이로 들이차는
미세한 흙 입자는 털어놓고 가시게

설렘도 아프다
— 동짓달 기나긴 밤을

동지(冬至)ㅅ 달 기나긴 밤을 한 허리를 버혀 내여,
춘풍(春風) 니불 아릐 서리서리 너헛다가,
어론님 오신 날 밤이여든 구뷔구뷔 펴리라.
— 황진이

설렘도 이럴 수는 없다

한번 저리기 시작하면 끝을 낼 수 없는 사이 어디서 시작되었는지조차 찾아내지 못한다
차라리 쪼개거나 찔러 쏟아냈으면 싶다
두 다리 쭉 뻗어 부르르 떨다 시원찮으면 주먹으로 두들긴다
바늘로 찌를까 내내 아픈 것도 아닌 것이 저리기 시작하면 눈물을 짜낸다

저리다고 집착한 순간부터 모든 것은
풋사랑처럼 짐짓 딴청을 부리려 애쓰지만
몸의 차별을 아는 사람만 알 거라고
흠집에 더듬는 것만으로도 환장할 정도라고

강하게 끌어당기는 절절한 호소로 설렘은 저 혼자 미쳐 있거나 구멍 숭숭 뚫린 채 불멸을 꿈꾼다.

곰배령

— 청산별곡(靑山別曲)

이링공 뎌링공 ᄒᆞ야 나즈란 디내와손뎌
오리도 가리도 업슨 바므란 또 엇디호리라
—「청산별곡」4연〔『악장가사(樂章歌詞)』〕

몸 뒤집어 네 발 하늘 향해
자신의 내부를 유폐시킨다

곰배령 언덕으로
길들여지지 않은 생명의 외침
자연으로 순응하는 부드러움을
바람이 거칠다고 말하는 것은
그렇게 말하는 사람에게는
기댈 미련이 있기 때문

사람의 틈에서
사람의 틈을 해체하고
스스로 마감하는 장엄
벼랑 위에서 하늘을 바라보았을 감금
곰배령에서 곰삭아 또 어찌할거나

폭설 경계령
— 가시리

잡ᄉᆞ와 두어리마ᄂᆞᄂᆞᆫ
선ᄒᆞ면 아니올셰라

셜온님 보내ᄋᆞᆸ노니 나ᄂᆞᆫ
가시ᄂᆞᆫ ᄃᆞᆺ 도셔 오쇼셔 나ᄂᆞᆫ
—「가시리」 3, 4연(『악장가사』)

홀린 듯이

폭설 경계령이 발령된 시골길로
서둘러 버스 몇 번 갈아타고
폭설이지 않은 시장 풍경에 실려
젖은 신작로 바닥에 진을 치는 동안
폭설의 정체는 흐려지고
진중하여 엄숙한 정류장마다
정지된 스냅사진
서로 다른 하늘 쳐다보고
들어가고 나오는 사람들이 섞여
해바라기 씨앗처럼 견고해질 때쯤에야
눈 살짝 내리는 버스 차창이
종일 젖어
그대에게 다가가는 길 모두 에둘러져

저 혼자
— 만전춘(滿殿春)

경경(耿耿) 고침상(孤枕上)애 어느 자미 오리오
서창(西窓)을 여러하니 도화(桃花) ㅣ 발(發)하두다.
도화난 시름 업서 소춘풍(笑春風)하나다 소춘풍 하나다.
—「만전춘」 2연(『악장가사』)

모든 꽃이 개나리처럼
새벽에 피어나는 걸까

밤새 지켜보는 사이
훌쩍 노란 꽃망울 터졌네

벌어진 꽃잎 사이로 새벽 들락거려
터진 꽃 하나둘 뭉치면서 가지를 가리고

개나리 꽃물로 물들인 채 가지
눈물 번진 노랑으로 키 커져

제 키에 늘어지고
제 색깔로 벌어진다

다시 눈이 내린 날에

— 이상곡(履霜曲)

(…전략…)

잠따간 내니믈 너겨
깃든 열명길헤 자라오리잇가
종종 벽력생함타무간(霹靂生陷墮無間)
고대셔 싀여딜 내모미

(…중략…)

아소 님하 한대녀졋 긔약(期約)이이다
—「이상곡」(『악장가사』)

눈 펑펑

당신 없어도 살 수 있다고

그리움 펄펄 날리더니

살포시 소리 내지 않고 묻힌다

하얗게 새시 감쪽같이 덮으리고

제2부 온순한 박자

환한 꽃비, 그레이 가든

누군가 도심의 끄트머리 작은 산 숨통에서 닭을 기른다 닭이 운다 정수리쯤에서 쭈삣쭈삣 벌레가 기고 있다 신경선인가 핏줄인가 정신이 쏠린다 처음에는 내 앞이었다가 점점 뒤통수를 향한다 냅다 지나치면서 어찌 저리도 속 깊이 파고드는 데시벨도 있을까 새삼 낯설다 닭의 모가지와 닭장과 낡은 사람과 느린 삶이 달걀처럼 둥글게 구른다 별이 맑아 초롱초롱한 게 만삭의 새벽달이 내지른 비명의 파편 뚝뚝 떨어져 지상으로 내려오고 있다 오늘 아침은 별의 조각으로 환해지겠다 살 베이겠다 반짝반짝 너도 나도 빛이 스며 손잡기 머뭇대겠다 어둡다가 환해지는 영겁 앞에서 국화도 서리를 이겨내고 있다 나는 서리를 밟고 서서 종아리를 달랜다

말채나무 수다

처음에는 노랑지빠귀만 눈에 들어왔어
고게 고렇게 예쁘게 날면서 꼬리를 치는 거야
그러더니 그의 수다 또한 일어나는데
아예 박새처럼 또는 때까치처럼 부지런하고
가끔은 질긴 수다에 어눌해지곤 했지

여름 흰 꽃 잔치 때는 들춰보는 기쁨이었는데
잎에 도드라져 꽃조차 감쪽같이 감춰내는
숨기는 게 아니라 착시를 만들어내는 재주
종일 지저귀며 수다를 떨어도 까맣게 익어가는 열매는
남아 있었고
그렇게 들락대는 사이 개똥지빠귀도 날아왔고

떠들면서 먹어대는 건
살아 있다고 종알대며 층위를 높이는 거야
꼬리를 흔들며 가지를 옮기는 건
동서남북과 풍경에 따라 수다의 종류가 달라지기 때문
금방 말한 수다를 새처럼 하얗게 세고 마는 거잖아

그러니까 아무 생각 없이 텅 비어 있는 거야
말채나무 열매가 완벽하게 없어지기 전까지는
개똥지빠귀가 삑삑거리며 종종거릴 때까지도
나 또한 새들의 수다 잔치가 대를 잇게끔
떨어진 열매 몇 개 조심하게 씨 뿌릴 생각만 했어

산벚나무

그늘진 평상에 누워
산성투성이인 숲을 말려내며
먼 길 나선 채 날개 접지 못하고
손 닿을 듯 쉴 틈 없이 날아다니는
산벚나무 장렬한 낙화와 만난다

그립다는 것은 꽃이로구나
자주 당신이 보고 싶을 때마다 흩날리는 꽃들
이별이 절절하여 주절주절 매달리고
꽃비에 흠뻑 젖은 어깨로 싸한 꽃내음

헤어진다는 것은 바람이로구나
지우려도 휘날리는 바람이라
얼굴 감싸두는 도드라움이라
걷다가 당신 기척으로 벙긋하면
바람에 덩그러니 높은 산벚나무
생채기로 꿈틀대며 장단 맞춘다

종착역

살아내는 일이 맨바닥
뼈만 남은 맨몸으로 이리저리 뒹군다

곡기라고는 하나같이 외면하고
물을 마시면 시원하여 살 것 같고
고개 좌우로 흔들며 어깨를 곧추세우는
서슬 푸른 단호함

아픔은 시간마다에 놓여 있다
젖은 등을 비비며 말리는 손바닥
등뼈를 따라 덜컹대며 긁어내는 주먹
순간에 녹아 있는 아픈 사물의 위무

어루만짐 또한 시간일 뿐
다가설 수 있는 마음은 이승과 저승만큼의 틈새
비로소 놓였을 때 뒹굴고 싶은 육신
세워졌을 때 촛불처럼 흔들리는 바싹 마른 입술

나무 캐기

몸은 맑아지는 일에 쓰인다
단순하면서 반복되는 몸의 동작 속에
푸른 바람이 깊은 샘을 퍼 올리는 섭생이 담겼다

바람은 나뭇잎 위로하며 편안하게 쏟아지고
몸 가득 파장을 일으켜 바르르 떨게 하고
손과 발은 저항 없이 몸의 파도에 쓸려
제각각의 숨을 쉰다

그에게 쏟아지는 땀이
인자함 가득 채운 별들을 깨우고
별빛에 쏘인 간단명료하고 희열이던 몸이
우주에서 하나의 별이 된다

기척도 없이 젖어들어
대지를 끓게 하는 달아오름
너와 내가 서로 만나 발그레해지는 몸으로
나무를 캐서 옮겨 심는 일에는

깨달음이라는 별천지가 있다

환하게 피어오르는 얼굴의 미소가
세월 넘나들며 이룬 따스하여 그윽해진 웃음이
자비와 살아 있음의 슬픔 넘어선
측은지심의 눈빛 같은 것들이

거기까지 닿지 않더라도
순간 일체의 잡스러운 생각이 보이지 않는다는 것인데
밭일이
쉬고 비우며 내려놓는 화두를
말통으로 마시고 있는 게 분명했다

설해목(雪害木)

이 악물던 옆 나무의 떨림을 삼켰고
가지 끝에 매달린 솔내음 일정한 운율로 파고들고
밑가지 위아래로 춤추는데
목덜미에서 쏟아지던 바람이 공기 터지는 소리를 내며 펼쳐진다

소나무 수관에서 빨래판 소리 나오고
가늘고 미끈한 가지 아찔아찔 스르르 내려와 무너지며 운다
날 선 바람의 손놀림이 숨죽이던 문풍지로 쌓여 정적이 깃든다
밑동으로 봉긋이 돋은 굵은 바람이 올라탄다

껍질은 부어터진 입술로 떨어지지 않는 가지를 나무라면서
잎 끝 세운 바람의 여운에 살포시 포개진다
눈 온 후 부푼 가지와 잎의 내통으로
찍소리 한 번 못 지르고 당신을 낳는다

누가 더 소리 내어 울었는지
소나무도 밤을 새우며 고비를 건너고
끝도 없이 파고드는 고음과 저음의 파장에 놀라
꺼억 하고 속수무책인 가슴 하늘로 드러낸다
나뭇가지 끝 깨물며 걷어 올리는 수십 줄기로
햇살에 파닥이는 공명

애인

더 나아갈 수 없다고 절실하게 판단하였을 때
대설주의보를 만날 것 같은 하늘 힐끗 보았을 뿐
그 길 너머 이맘때 아름답게 피어나던 노을까지
캄캄해지고 바람소리 살벌하게 입혀지더니
추운 날이라고 내일은 눈이 쏟아진다고
숨소리 고르지 못하며 마구 떠들어대더니

쏟아질 것들은 기어코 쏟아지고 말더라
밀려나지 않으려다 조금씩 밀려나고
마감되지 않은 길 또한 마감되고 말더라
고집불통 꽉 막힌 대설주의보도 시들해졌는데
얼마나 많은 사람들이 그 막힌 길에 있었을까
얼마나 많은 허방들이 감쪽같이 묻혔을까

꽉 막힌 길에서 서성대던 그의 흔적 감쪽같이 비질하고 나서야
나박김치도 물김치도 김장도 소금도 시원하다고 아주 시원하여 미치겠다고 소리 지르겠다

온순한 박자

직립의 숲 성근 나무 사이에는 새벽 달빛만 채워 있지 않다

얼굴 휘감는 거미줄
밝고 어둔 대지의 섬유로 발목 거는 나무뿌리
마음 주저앉게 하는 관목 덩이리
달빛 머금은 그림자

거미줄에 얼굴 감긴다
그리 곱지 않게 나를 보고 있구나
박자 고르게 맞춘
온순한 인사에 산길이 훤하다

공진화(共進化)

나뭇가지에 가시를 가졌는데
가시의 결을 따라
사람의 손이 가는 쪽으로
몸을 낮추는 게 분명하여 흥분했는데

길들여진다는 건 얼마나 긴 세월일까
바람 부는 방향으로 늘어져 흔들리다
땅 냄새 맡으면 그 자리에 뿌리내리고
잎 쓰다듬듯 펴 가면 다시 새잎 틔우고

길들여지는 게 살아가는 것이라고
엄지와 검지 사이에
잔뜩 푸른 엽록소의 즙액이
유전자 지문 사이를 메운다
온몸이 바람 부는 대로 휘청거린다

숭숭 뚫린 세포에서 비릿한 풀내가 진동한다

겨울 대청

새파랗게 얼도록 찬바람이 어떤 규칙적인 시간을 향해 지치지 않고 몰아친다 그리 따뜻하지 않은 몇 겹에 기댄 두꺼운 옷도 그 시간 속으로 스며든다 미처 콧김이 익기도 전에 찬바람 들락거리더니 기어코 훌쩍훌쩍 얼굴 얼어 터질 듯 따가워 균열 직전으로 쏘아댄다 피하지 않는다 파고 또 파고드는 정신이 히얗다 이미 어둡기 시작한 하늘도 서리태처럼 하나의 색깔로 반짝거린다 어떤 규칙적인 시간으로 들어간다고 웅성대고 발길은 돌이킬 수 없는 운율로 흘러들고 정수리를 내리찍는 잔인한 추위 거칠게 없다 나아가는 수밖에 쑤셔들 수밖에 바람일지 얼음일지 둘 다일지 오롯하게 갇힌다 입안에서 끙끙 앓는 소리 저절로 온몸이 함께 들썩 잔뜩 움츠려 꿈틀대는 것들 시시각각 난리 난장 제멋대로다

달빛과 소나무

1.

달빛 쏘인 소나무 그림자는 굵고 가늘고 진하고 여리고 흐려지는 순간에 속살을 내놓는다

2.

서로 만나 명징한 평행선을 긋거나 가슴을 후벼 파며 언 냇물에 포갠다

3.

사람 없는 차디찬 고요를 달빛 죄었다 풀며 받아들인다 솔바람 소리

4.

겨울 마른 숲 사이로 달빛은 찬란했다

5.

언덕 너머로 울창한 소나무 숲이 달빛 따라 고개를 느리게 젖힌다

6.

눈치 챌 수 없게 바람은 풀잎 한꺼번에 일어서라고 발뒤꿈치 들어올린다

7.

잠시 먹통처럼 막막하디니 달빛 닿는 곳으로 눈길을 기둔다

8.

다시 나온 달빛이 나뭇가지를 후두두 꿰뚫으며 흔들어댄다

9.

구멍 송송한 소나무의 관절이 스멀스멀 비틀어지며 맞춰진다

10.

달빛에 소나무 굽은 허리가 휘영청 바로 펴진다

첫눈의 무게

흰 눈이 내릴 때 찻물은 녹아내리고
제주 감귤은 시고 시어서
마음이 아프다고 환장하겠다고
깨진 차관의 손잡이로 되돌아온다
비리고 시린 삶을 슬쩍 숨겨주는 첫눈에게
누가 울지 이 고요함
내 마음에 당신의 달이 깊어
신음으로 얼굴이 기침하는데
당신의 흔적들이 커다랗게 부풀어
첫눈처럼 삼켜져 눅눅해지는데
환한 달은 눈빛에 쏘여 은은해지고
당신의 기별로 달 자국이 찍혔는데
이 깊은 산골 한눈에 반한 첫눈이어요

첫눈의 무게를 이기지 못한 어깨 통증이 아래로 쏟아지더니 팔 중간에 멈춰 밤새 괴롭히더라 신음이 절로 새어나와 왼쪽으로 돌아누워도 오른쪽으로 돌아누워도 냉기들이 온몸을 감아내더라 밤새 안녕? 첫눈

밤안개 도벌(盜伐)

나 아직 그대 밤길에 머물러 깊어져 있고 송골송골한 눈망울 두고 떠나 왔고 아무런 힘도 남지 않아 소리조차 다가갈 수 없고 아른아른 겨울 밤안개로 얼씬거리고 있고

밤늦은 나는 그대라 부르는 산을 오르고 토막 난 나무는 얼추 누군가 전망을 밝히지 못하는 숲이라고 손가락질하였거나 톱을 가지고 다니며 자른 것이거나 벌집 쑤신 듯 그대를 헤벌려 놓았겠다

잘라진 나무는 도시의 불빛을 가리지 못하고 기댄 채 금방이라도 뛰쳐나갈 진을 친다 바짝 고개를 내민 작은 솔잎들 아직 싱싱하게 매달려 제 죽음을 거부하는 울분으로 돌아눕는다

밤안개에 홀린 건 수풀 사이 흔들리는 바람 깊게 파인 그림자를 새기다 발목이 꺾이면서부터다 숲으로 난 창문으로 시감나무 메마른 잎 털썩 떨어지더니 밤안개 신기루처럼 길을 가로막더니 익숙한 산길을 흖쳐내는데 몇 바퀴나 휘청 헛돌았겠는가

물푸레나무

넘쳐 난 계곡물 가라앉을 때쯤
물푸레나무 잎새에서 푸른 색소가 자랄 테지
처음에는 뿜어낼 줄 몰라
퍼질러 곳곳으로 흩어졌다가
검은등뻐꾸기 찾아와 한참을 앉아 있을 때쯤
아랫녘에서 치밀어 오른 바람이 뜨거워질 때쯤
숨 벅찬 상처
주변 나무들에게 나누질 못해
바짝 잎새를 조일 텐데
젖은 기운 잎맥으로 몰려 마른 잎새 물드는데
통통한 잎자루로 착한 시선 잔뜩 모아
눈매 시원해지는데
맑아진 계곡물 흙탕물 걸러낸 곳으로
아픈 상처 자주 떨구는 고개
손끝만 닿아도 톡 터져 쏟아낼 뭉침
저러다
터진 수액으로 당신의 무른 살점 비집고
푸른 상처로 몇 날 밤을 아파 잠 못 이루고

맑은 계곡 모두 새파래져
씻어내려면 또 몇 차례 비 쏟아져야 할지
저 빗속에서 목청 터지라 함께 소리 질러야 할지

숲의 기원

그녀와 헤어진 숲은 고요하여
가슴 허전한 산길의 모퉁이를 삼킨다
어깨로 흐르는 들뜸이나
발끝으로 전해지는 아득한 울렁거림까지도 짐짓 모른 체

이미 그녀는 고요에 길들어져 울면서 소리 지른다
그래 속으로 품어지는 것이라고
나무 한 그루씩 다가서서는 속내를 가다듬고 껴안는다

그녀의 속삭임에 숲의 모공 일어나
곳곳 막혀 범벅이던 수액의 바람길
큰 바람 작은 바람 시원하게 풀린다
큰 길 오솔길에 풀잎처럼 흔들린다

바위늪구비* 습지

갯버들이 만들어내는 연초록 뭉게구름
물 가장자리로 그어진 연한 곡선의 잔치
누구네 집이 더 예쁜지 가려내기 어려운
관목 숲 사이로 새들의 둥지가
천연덕스레 물가를 가로지르며 유영하는
오리 떼의 날개는 반짝이는 윤기로 가득했고
굽이굽이 유선형을 그려내는 곡예

발바닥에서 발원하는 가슴 벅찬 생명의 기운
손바닥으로 따뜻함 저절로 돌아 정수리를 휘도는
아주 긴 들이마심과 내쉼이
서로 어우러지는
바위늪구비에서 오래된 머무름

---

*경기도 여주군 강천면 일원의 남한강 유역에 위치한 습지로 산과 강을 품고 있다. 4대강 개발로 사라짐.

그림꽃 국화

노란꽃 보라꽃
묵으로 친 바위
꽃을 탐하는 잠자리와 어린 고양이
분홍 국화 위로 비행하는 기러기
바위의 세월에서 목청 높이는 장닭에
억새 늘어진 들국화 환장하고
가을 소나무 보랏빛 들국화로 고개 늘어뜨린다
느릿느릿 게 두 마리 대발 앞 황국으로 숨고
커다란 꽃 아래 늙은 호박 햇살에 빛나
구절초와 억새로 처진 냇가에 두루미 노닌다

비파 앞 묵국이 고개를 내밀고
화분에 심긴 국화 하나 마음에 심고
새 한 마리 날자 기댈 곳 없이 쓸쓸해진 장독대
화려하게 둘러싸는 국화로 둘러싸여
우주의 마지막 기운으로 한 겨울을 인내하라고
쥐어진 손바닥 안에서 저절로 따뜻해진다

안압지

따스함 아직 넘기지 못하여 어둑한 어깃장 그늘진 햇살로 반쯤 열린 반가움 걸쳤는데 낙엽의 흩날림으로 무릎 덮는 온기

저 산 정념 하나 그예 떠다밀고는 시치미를 떼니 흐려진 깊이로 들쑥날쑥 길모퉁이로 지취 감추고 이른 새벽 월지 굳게 닫힌 문살 틈 기러기와 오리는 다시 올 기약만으로 가을 맛 적신다

마른 연못 반짝이는 화강암 다 좋으라고 그저 좋아하라고 웃다가 보면 늘 헛헛한 바람 빠지는 고무풍선 애써 아니라고 가슴 통째로 비우거나 채웠을 때 둥근 달 한 귀퉁이 퍼런 반점 번지는 새벽 귀가

얼굴 표면 차갑게 스치는 솔바람 사이로 떨면서 다가오는 겨우내 품고 살아야 할 햇살 갑지기 눈부시게 속속 들이찬다

그녀의 해금

'마르지 않는 강' 불로하(不老河)*를 듣는다

잔잔하다 울컥 치미는 장엄함
이국에서 멀리 조국을 향해 울부짖듯 곡진한 음률이 가슴을 저민다
그러면서 빠르게 떠는 새로운 장정의 예고
파도가 넘나드는 힘찬 저울질
마치 끊어질 듯 이어지는
느린 개울 흐름으로 강이 되는 기운

실같이 가느다란 음률을 이어내는 고요함
안으로 굳어가는 부름켜를 버리고 바깥 부름켜를 새로 만드는
끊임없는 순환으로 퍼 올리는 우물
그래서 제 율동만으로 모래를 적시고 자갈 어루만지는 스밈과 들춤
고여 있더니 다시 흐르는데
흔적 없이 심연에서 흠뻑 젖었다

마르지 않는 것은 그녀의 해금뿐

입안이 헐었다
바싹 말라버린 혀 축이러 애쓴다
마른다는 것은 늙는다는 말인가
말라죽은 나무는 마지막 수액을
자신에게 깃든 숱한 애벌레와 곤충에게 정성스레 바친다.

---

*장준하 선생이 일본 군영을 탈출하면서 감격적으로 맞이했던 강으로 눈물 흘리며 애국가를 불렀던 장소라고 알려짐.
*김대섭 작곡의 노을아 해금 연주

혜초

혜초의 마른 발바닥 그림자를 더듬다가
목마른 한 다발의 물기로 들락대다가

지금 사막인가요

어서 오라고 하지 않았더라면
지금쯤 거리를 나서지 않았을지 몰라요
비가 오는지 바람이 부는지 산중인지 들판인지
모두 자글자글 끓여내 불꽃이라고 부를래요

사막의 모래섬에 갇혔을 때 모래 귀신에게 어찌하여 홀렸는지 그림자여 나는 알 수 없어요
일렁이는 모래를 사막이라고 생각하였는지
오래된 천축국이 어찌 내게 끈이 되어 다가오는지
훌쩍 걷기로 맹세한 지금 사막인가요
걷다 쓰러지면 내 뼈도 모래가 될 수 있을까요

종묘

왜 그 눈망울이 슬픈 모양새를 갖추었는지
주름진 이마는 그렇다 치고
눈주름으로 골 지어 흐르는 슬픔을
거두어들일 수 있는 게 지상에 있을까
마를 대로 말라 주름조차 비어 펴진 채
긴 여행 끝 공허한 눈매 따라 나선 그리움을

조금 더 기다리고 참으면 자유로워진다고
보따리 모두 풀어놓고 너스레를 섞어
살면서 그렇게 흉한 놈
세상에 그렇도록 옥죄는 놈
겪어보지 않고는 모를 이 말을 나눌 수 있다고
왜 그 눈망울은 그리도 슬픔에 젖어 있는지

제3부 농업학교 나무 선생

억새밭

기어코 저 억새밭
흔들리는 길목 한복판에
새도 앉지 못하는 한나절에 이른다
눈부신 빛의 발산에
바람마저 머뭇대며
맴돌디 그쯤에서 소용돌이
지긋이 딴청부리는 한낮의 억새밭으로
지난가을은 지고 말았는데
억새끼리 부딪쳐 내는 소리에
햇살로 아찔한 저 억새밭 사이에
그대의 가을이 피어나니
저만치 물러앉아
기다린다는 말은
내 그대를 일정 부분 찾지 않겠다는
바람 일렁이는 가을 들판에
억새 두런거리는 속삭임이다

청계산 삼거리

지붕 위로 둥둥 차가 떠다니고 있다
잃어버린 것들이 하늘을 이룬 채
그 아래 심심파적 큰소리로 웃으며
생활의 파편을 쏟아내는 소리들이
하늘의 길에서 쏟아지는 소리들을
조용히 삼켜내고 삼거리집만 북적인다

그날 왜 혼자였을까
깊이 가라앉은 무덤처럼 흔적도 없이
천년을 기다려야 쓸 수 있는 침향을 만들듯
삼거리에서 만나고 헤어진 이들이
흔적을 비우고 묻어둔 나무들이
버드나무일까 향나무였을까

그 길은 언제부터 삼거리였을까
가슴 한편이 답답해지는 것은
그가 딴 세계에서 별을 빌려 달려와서
그날 청계산 이수봉 빈 하늘은

혼자였을 사람들이 빌려간 별들로 환했었어
달을 따주겠다고 큰소리치는 삼거리집은

자시공(子時功)

화로 앞에서 긴 땀을 흘리고 있었다
용광로 만난 무쇠처럼 눈물 단단하게 흘렀다
널찍한 등에 붉게 덴 자국이 커져 반점처럼 꿈틀대며 스멀스멀 어깨를 달궜다
맨드라미를 꼭 닮아 있는 기억의 진화를 담금질하고 있었다

시우쇠 두들기는 큰 쇠망치에서 말달리는 소리가 새어나온다
전생의 어디가 고장인지 밑그림을 그려내지 못하니 풀무질은 어찌 당해낼 수 있을까
불만 당겨 있으면 다른 엄두를 내지 못하는 대장간 둥치에도 우울은 피어나고 좀이 쑤셨다
환한 꽃이 피듯 선명했던 불꽃이 흐트러져 사방으로 일어나는 순간 나도 흔들렸으니까

망치를 잡을까
집게를 집을까

반짝거리는 모루 끝으로 가슴을 날카롭게 다듬다가
그저 메나 들고 서성거렸나 보다
주막집으로 파리를 쫓아내며 기웃대는
만사가 귀찮은 대장장이의 오후는 무료하다
공장 밖 흙바닥에 퍼질러 앉는다
황토의 질감에 등을 맡긴다
질박한 촉감 혀를 입천장에 붙이며 푹신하다

농업학교 나무 선생

1.

가랑비에 촉촉하게 젖은 밭을 긁었다 흐트러지며 다시 뭉쳐지는 것들은 이처럼 부드러워지는 걸까 감촉이 쇠 날을 지나 나무 자루로 넘나들며 살며시 눈을 아래로 감기게 한다

스르륵 흙의 마음이 손을 통하여 어찔하다 뿌리 깊어진 풀들이 재갈을 풀고 아우성이다 거역할 수 없다는 듯 레이크에 긁히는 흙의 물줄기에 올라탄다

잘 빗어 내린 흙의 보드라운 속살 이랑과 고랑이 뽐내는 늘씬함 선선한 바람을 쐬며 반짝거린다 내가 아흔아홉 묶을 맸다 온몸이 통증으로 빈틈없다

2.

삽으로 한나절 나무를 캔다 잘려나가는 나무뿌리를 통해 삽이 운다 외로움이 삽질을 한다 내 슬픔 가득하여 삽이라고 말할 때 놀랍게도 숨 콱 막히며 입 다물어진다 삽은 소리가 아니라 마음이고 언어를 덜커덕 닫는 자물쇠다 시간을 씻어내며 닳고 닳아 빛난다 삽이 어둠으로 들락거

릴 때마다 마음을 털어낸다 슬픔을 묻게 하는데 삽처럼 지극한 게 없다

머리카락 사이사이 영롱한 햇살에 땀방울 은빛으로 솟아난다 언어를 그리워하는 외로움의 결정이다 무심한 삽에서 떨어져 나와 땅속에 묻어 둔 슬픔과 만난다 계절 초입의 삽질은 햇살 흔들리는 춤이다

3.

그날 허옇게 질려 숨 막히는 가슴을 풀어헤치고 비닐하우스를 뛰쳐나왔던가 기어 나왔던가 어기적어기적 흐물대며 튕겨 나온 것은 아직 살아야 한다는 살고 있는 것이 분명하다는 몸의 호사였다

볍씨 모판에 잔디 씨를 부어 놓았더니 흙냄새에 검정 모판을 빠져나온 뿌리로 삽은 들썩거리며 끼어들어 이판사판 끊기를 멈추지 않았다 쉽게 떨어지는 모판이 있는가 하던 흠뻑 삽질해야 겨우 따라나서는 모판까지

비닐하우스 길게 이어진 몇 개의 두둑으로 숨 막혀 가슴이 답답해지다 금세 산소가 필요해 더 견딜 수 없어 쓰러

질 것 같아 바람 부는 곳으로 창백한 안면이 쏠리더니 속옷마다 하얗게 펼쳐진 소금 선들이 궤적을 그리며 천차만별로 명줄을 긋는다

4.

나무를 캐고 뿌리 다듬고 다시 심는 일 어디에 심었나 했더니 내 몸에 심었다 살이란 살 군살이란 군살을 비집고 뿌리 내렸다 움찔댈 때마다 쑤시면서 뒤척이며 군살에 심는다 바늘처럼 콕콕 찌르며 따갑기만 하다 이 무슨 해괴한 짓이냐고 꿈결에 소릴 질렀는데 막무가내 나무 심을 시간이 얼마 남지 않았다고 나무뿌리 들어오는 소리

꿈을 꾸고 있다고 생각했다 봄에 꾸는 꿈은 짧다 뜬구름 잡기다 따라가다 보면 길을 놓치는 게 일상이다 뒤죽박죽이다 뿌리내렸나 했는데 허공에 들떠 있다 꿈의 기억만 남아 자기들끼리 치고받다가 깨지거나 뭉개진다 군살을 파고들던 따가운 기억 땅 냄새 맡고 치밀던 나무들 솨솨 하며 물길을 따라 흐른다 아 또 치고 들어오는 나무뿌리 내 군살

그 겨울 전별

우려내다 더 이상 우릴 게 없는 지점쯤에
송진처럼 끈적이며 우족 몇 점 들러붙은 지점쯤에
탕과 반주에 고무되는 근처에서 청차를 마셨고
겨울 입구 소나무 잎새 뭉치 헤쳐내며
바람 소통 막힌 나무의 고통스런 일상에 대해 나누었네

시퍼런 동해바다 소나무를 에메랄드 옥빛으로
하늘이 막혀 따스한 기운 스미지 않던 가지마다에
겨울 미미한 햇살 내주며 춥지 않을까 되묻더니
빈 가지에 새살 바퀴살처럼 퍼진다 했는데
그 하루 다하기도 전에 나만 남기고 떠나네

떠난다고 오래 우린 맑고 귀한 담박함이야 바래지 않겠지만 함께 송진 묻히며 묵은 솔잎 가슴 따갑게 했어도 흥얼대는 노래 솔향에 취해 소나무와 이야기했고 그 순간 감흥은 겨울 흰 모퉁이 삭풍과 함께 오래도록 남아 따뜻했었네

청계사

1.

사십구재 중 삼재 날

펑펑 울고 싶어 운 게 아니었어 문풍지 사이를 뚫고 서걱이는 바람의 소리를 들었어 깊은숨을 참고 있는데 뚝뚝 눈물이 떨어졌어 뚫어지게 나를 보고 계셨지 불규칙하게 몰아쉬다 멈추는 것을 울먹이는 것이라고 했나 조금 열린 문틈으로 만났지 추울 텐데 하면서 목이 메고 아랫목에 앉으라 했는데 귀가 먹통처럼 막막해지더니 어깨 들먹이는 것을 본 것이지

먹통처럼 까만 세상에서 간신히 걸어 나왔어

2.

바라춤과 승무였어

내려오는 내내 뭉클해져 있었던

발길은

절밥을 받아 들고
기도하듯 목이 멨지

사십구재의 영가를 떠나보내고
이곳
쓸쓸하여 유난히 맑은 하늘
따사로운 햇살로 주변이 청명하네
나란히 앉아 밥 먹는 게 행복했던
나는 슬픔을 떠서 넘기고 있었지

흙 위는 녹고
속은 잔뜩 얼음 덩어리인 산길이었어

셋이 만나 놀다

해와 달과 강과 배와 술과 시가 만나 격하게 놀아 보는데 흔들리는 것들 속에서 길이 터지고 터진 길에서 춤추고 노래하며 혼쭐을 놓는다 흔들리는 다리에 올라 떨리는 다리를 걱정하며 신선이 놀다 간 다리라 선유교라 했다는데 소리 지르면 바람에 묻히고 뒤흔들다 머리카락은 묶이고 해가 웃고 달이 미소 짓는 순간 오간 데 없이 너도 흔들리고 나도 휘청댄다 강도 산도 배도 술도 해와 달 앞에서 시라고 시였다고만 한다 그러하였노라고 흔들렸노라고 그런데 바람에 묻혔다고 여전히 천지현황(天地玄黃)으로 스며들었노라고 시에 스며 강물이 되어 바람결에 속삭였노라고

임진년 햇차

가마솥 뜨거울 때
같이 뜨겁게 달아 홍조이더니
식어갈 때 누구 먼저랄 게 없이
너나없이 시들해지더라

차 민드는 일이
세상살이의 일고 스러짐을
하룻밤에 펼쳐 보이는 애씀이어서

시들해질 때 온도는 더 견고해지고
시간은 아득하여 시원을 오가고
파릇했던 햇차는 땡땡해지며 서로 당긴다

다정다감

백회로
직방 빠져나오더니

어깨 아래를
한꺼번에 풀어놓더니

초승달로 시작하여
환한 보름달까지

몇 날을 하늘 한켠에
매달려 있었어

맑은 차향
아직 덜 마른 상태로

가슴 속 헤집고 다니던
선차(禪茶)의 풍경

매화차

따뜻한 지인이 보내는 매화 송이
추운 겨울 맨몸으로 맞이했을 가지
물에 담기니 진한 갈색 가지 꼿꼿하니
희고 환한 세계가 생각을 튀게 한다

투명한 유리 안에서 몸 풀며 당당한데
들었다 놓는 사이 얼쑤 일렁이며
맑은 찻물에 매화 수로 흐르더니
달고 흐뭇한 꽃내음 입안 가득 옮겨가고
꽃들은 가지 틀고 앉아 몸을 허락한다

뿌리 내려 선명한 내 안의 매화 꽃다발
걸을 때마다 가지 끝 꽃으로 환생하여
흔들릴 때마다 눈부신 매화향 가득하다
대체 몇 그루의 나무가 스멀거리며 살까
커다란 유리 차관에 만발한 꽃 매화
그 차고 명징한 세계의 봄에 풍덩 빠져

고욤순잎차

맑아지는 지경에 이르기까지
내 몸은 또 얼마나 부서져 있었을까
남아 있는 것들이 슬프다 하니
곧 사라질 것들은 또 얼마나 안타까울까

입안 가득 새로운 바다를 품은 듯
덖고 비비며 움츠러지던 앙가슴
따뜻한 물을 맞이하며 활짝 열고
샛노랗게 풀어내고 물들이는 동안
바다는 격랑을 놓치고 잔잔해진다

입안을 적셨는가 싶었는데 목 넘김으로
목울대였는가 싶었는데 단전 주변으로
몇 번을 돌리더니 등 뒤로 올라
정수리 숨구멍으로 단숨에 따스함 밀어올린다
흔들리며 침몰하던 항해도 아침 해를 맞이하고

더 어찌할 수 없이 평화로운

모공으로 달려드는 노란 고욤 햇살
우렸더니 따사로운 보시로 출렁대는
주저할 것 없는 순한 여운

증차(蒸茶)

처음에는 쓴맛 없이 맹물처럼 고요해서
시간이 조금씩 흔들리다 뭉쳐지더니
겨우 머릿속 텅 비어졌는가 싶더니
문장의 풍화처럼 단맛 비슷한 목 넘김이더니
남아 있는 것과 이미 남아 있지 않은 것들이
저들끼리 달라붙어 맑은 일렁임으로 출렁이더라

열반의 세계에 반야는
너무 깊고 고요하여 품을 것이 없을까
나무가 폭풍우에 꺾이고 해일이 바다를 쓸어도
헤아릴 수 없는 여운으로 마시는 증차

출렁이는 것들 다시 우리니 약한 신맛으로
입안 까칠한 가시까지 누르고 짙푸른 하늘처럼 가득 퍼진 맛 오래된 마른기침 거짓말처럼 넘기고 나니
몇 잔 채우면서 이끌리는 깊고 오묘한
귀를 쫑긋 세워 겨우 듣는 꽃밭에 햇살

꽃차

지는 것은 꽃이었고
피어난 것은 꽃차

그대가 피어 즐거웠다 치자
거꾸로 그대가 져서 슬퍼한들

목련꽃에서 우린 뜨거운 찻물에
비틀대며 시들어가던 너는 깨어나

따스함은 그대 근처를 맴돌고
그대는 근거 없이 반듯해지고

나는 하릴없이 그대와 어울려
하루 근처 내내 떠나지 못하며

햇살 사이로 꽃망울

1.

하얗게 드러내는 맨얼굴
한 송이 매화가 방긋 웃는다
금방이라도 잇따라 터질 꽃망울들
풍경소리를 내며 몸을 비튼다

길모퉁이에서부터 서두르던
바닥으로 달려드는 중력의 기운
두꺼운 한지로 받아내며 마주 본다
꽃 피자 꽃 질 자리 매만지는 아찔함

피어서 과년한 것
낙화로 장렬한 것
떨어져 뒹굴며 자기들끼리 흐뭇할
천지를 매만지는 향기
흰 매화로 울렁거린다

2.

피다 지고 말았어
호흡이 정지되고 심장이 멎었지
아무리 아니라고 이럴 수는 없다고 했지만
되돌리기에 회한이 앞서고
돌아가기에는 길이었던 길 허물어졌어

그날 푸른 하늘에 맡긴 채
아무 말도 하지 않았어
물에 담가두었지만 살아나지 않았고
조금이라도 거두길 원했으나
움트지 않으려는 겨울눈만 말똥거렸어

꽃망울은 망울진 채 그대로
다 핀 꽃은 활짝 핀 채 그대로
흐르던 세상 하나 접고
새로운 세상으로 나아가는 길이었지
그저 아무런 흔적 없이

고요히 정지하는 것이었는지 몰라

3.
꽃망울 사이로 햇살
따스한 낮잠을 청한다
찬바람도 그대 만나 졸고 있다

4.
생생하게 피어오르던 꽃들이
꽃망울 채 시들고 말았지
물을 듬뿍 주고 하룻밤 지새워도
다시 탱탱해지지 않았어
피었던 꽃들도 시들었어
하나도 아니고 전부가
눈물로 그렁그렁 망울이
나무에 물오르는 봄 앞두고

쳐다보라고 눈짓을 너풀거리며
산들바람에 가슴 풀어내며
순교를 마음껏 들이켰어

수채화

땅속 온도가 높아져
뿌리에서 힘차게 수액이 치올라
줄기를 타고 지상으로 달려나왔는데

아 추워
활짝 핀 붉은 마음이었던 것이
잠시 이슬로 머물다가
미처 수증기로 날지 못하고 머뭇댄다
모여 봐 동그랗게 뭉쳐 봐

잎이 근사하게 나와 있었다면
쪼르륵 휘어진 표면에서
서로 붙잡는 장력으로
크고 작은 알맹이 지닌 하나뿐인 그림으로 거듭 뽐낼 텐데

그냥 꽃잎에 둘러앉아야 해

진달래꽃 그리는 손에 눈물처럼 퍼질러 앉은 물기
이슬 번지듯 달라붙는 형체 망가진
쏟아지는 수술을 수습하며 꽃잎이 그윽해진다
종일 끈적끈적 손잡을 곳 없어 무안하다

도시락

찬밥을 먹는다
놋쇠 밥그릇을 통째로 넣어 두었는데
밥솥의 보온이 꺼진 것을 먹을 때야 알게 된다
한쪽 구석에 놓여 가려질 수밖에 없었을까
사는 데 급급하여 먹는 데 예절을 잃었을까
그러다 사는 게 가려지면 먹는 게 전부인데

덩어리로 들어 올리는 젓가락에 입 열어 화답하고
구운 김도 겨울을 닮아 있고
꽃피우지 못한 명이나물까지 차다
차가워진 떡밥을 뜨고 미나리와 시금치를 함께 버무려 나물로 오물댄다

어묵채를 곁들이다 팍팍하면 김치 조각 대체 몇 조각으로 배를 갈랐을까 궁금해 하고
궁금함은 거침없이 입을 베며 들락거리며
몸은 잔뜩 단전을 향하여 조여지지만
찬밥도 이만하면 소리 없이 근심 사라져

겨울 한나절 거뜬하게 즐겁다

도시락은 단물이 나도록 오래 씹을 수 있어
정해진 순서 없이
요리조리 머금어 씹는 방식을 달리해서
귓가에 맛있나고 눈송이 뭉치듯 웅성대는 소리 가득한 때까지
그리하여 그 소란함은
본능적으로 퍼진 환한 향기로 나를 휘발시켜
따뜻한 내면의 활시위를 당겨준다

은행

밟히고 치여
산산조각이 되어서야 은행이어라
밤새 떨어진 것 주워 모아
과육을 까서 말렸더니
은회색 연한 품위를 햇살이 모아간다

너무 예뻐
예쁘다고 착한 눈매로 바라보다 들켜
가져가 먹으라 하는데

아니야 아녀
내 어찌 은행나무 한 그루를 뱃속에 넣을까
아녀 아니야
내 어찌 은행나무 두 그루로 몸을 부풀릴까
그 잘 여문 씨앗
그저 고스란히 씨 뿌려 싹틔우고
거짓말처럼 잊고 살면 되는 거야

산더미처럼 커져
용문사 독경 소리를 듣고
뭉툭한 겨울눈과 봄 새싹에다
금강경이라도 촘촘히 새겨
어느 햇빛 반짝이는 고요의 세계에서
쏟아내는 법어로 출렁일 것을
지금 밟히고 치여도 내 어찌 그대를 취할까

사과를 깎을까요

흔하여 제철에는 손이 가지 않는 것들
그러려니 했던 것이 사과를 만난다
사과를 깎으며 미소를 배운다
제가 사과를 깎지요
자리 비우며 내려놓고 얼른 집중한다

사과를 깎으면서
깎지 못해 못생긴 속내를 깎는다
사과를 씹으면서
정신을 빼앗긴 어리석음을 벤다
사과를 한다

과수원으로 가는 길 범람하여
냇가의 방향과 폭이 바뀌고 뒤틀려져 막힌 후에야
사과를 깎으면서 내 마음을 찾는다
예쁘게 얇게 끊어지지 않게
단순한 즐거움으로 욕심을 깎아낸다

현미

씹고 또 씹어
전생이 절구였다 말하려는데
말간 물이 고여 있었는지
입안에 환하게 퍼지는 게
들기름을 짜내는지
참기름으로 거듭나는지
위턱과 아래턱으로는 쉼 없이 찧고
입안의 깊숙한 곳으로는 넘기고
가벼우나 긴 시간
목구멍소리는 포만감을 내리누르고
하염없이 씹으면서 생각은
우주를 따라 돌다가
생명의 순환에 올라타더니 내 몸의 기운을 만나
모퉁이로 흐르다가 살성에 연꽃 내음 피워낸다
씨눈의 향이거나
씹고 곱씹는 세상의 한복판이거나

마른 혀

잔뜩 말라 언어가 생성되지 않는 건조한 혀에 차를 모신다 보온병 하나 가득 담아내면서 틈틈이 마신다 마시는 동안 언어는 소생의 기쁨으로 달았다

며칠을 침묵으로 버텨도 새벽이면 혀를 풀어줘야 했다 침묵은 언어의 쪼그라짐을 경계하라는 내면의 억압이다

새벽 산행을 준비하다보면 늘 망설이게 된다 차로 입을 가시는 게 소나무 기운으로 내쉬고 들이마시며 씻어내는 일만큼이나 당찰까를

차 마시는 관념에 물수제비를 던진다 산행으로 등골에 땀을 내리는 것과 차 우려 머리에서 등과 가슴까지 적셔주는 일이 앞뒤 없이 생각의 속사정을 뱅글뱅글 도는 것을

둘 다 마른 혀를 풀어주는 드잡이였다 삿되고 오래되어 탁해진 숨 몇 바퀴 돌리면서 주눅 들어 딱딱해진 어긋난 바람이 헐레벌떡 마른 혀를 빠져나가며 휘파람을 분다

오호라 지는구나

세상의 모든 지는 것들에게 말을 건다
기어코 터지거나 흘러내리는 것은 일상이라고
싱싱하고 푸르던 잎이 작은 바람에도 달랑 털리며
갈 곳 정하지 않은 채 날리는 것을 본다

뒹구는 낙엽이 손에 잡힌다
가장 살찐 부분에서 두툼한 슬픔이 호화롭다
배부른 잎자루는 선명한 맥박으로 뛴다
줄기와 숨결을 나누던 잎자루의 밑 부분이
이별을 준비하느라 눈물겹게 살을 찌웠구나

떨어지는 날의 아름다운 비행을 위하여
남몰래 뭉툭한 직립으로 몇 겹을 이루었구나
날카로운 톱니를 어루만지다
날 선 계절에 스치듯 베다
어디에도 없고 어디에도 있는
너는 오호라 지는구나

해설

나무와 일체를 이룬 나무 선생의 나무 노래

이승하 시인 · 중앙대 교수

온형근 시인께

면식이 없던 온 시인이 보내준 제6시집 원고를 받고서 시집 해설을 쓰기로 마음먹은 것은 생명관이랄까 세계관이랄까 시의 정신이랄까 뭐 그런 것이 저와 비슷했기 때문입니다. 온씨 성이어서 그런지 '溫故而知新'이라는 말이 당장 생각났습니다. 옛것을 연구해 새로운 지식이나 견해를 찾아내려는 의식이지요. 옛것을 숭상하되 그것을 그대로 답습하지 않고 새롭게 변용하여 지금 이 시대에 맞는 문학을 해보려는 온 시인의 창작의도가 제 마음에 들었습니다. 『연암집(燕巖集)』 권1 「초정집서(楚亭集序)」에 나오는 '法古創新'이라는 말도 떠올랐습니다. 옛것을 토

대로 하되 그것을 변화시킬 줄 알고, 새것을 만들어 가되 근본을 잃지 않아야 한다는 말이지요. 소통을 염두에 두지 않는 자기 독백이 시단의 대세인 양 유행하고 있지만 이를 따르지 않고 온고이지신과 법고창신의 정신으로 시를 쓰고 계신 온 시인의 시를 찬찬히 읽어보려고 합니다.

시집 제일 앞머리에 자리 잡은 시가 고려가요 「動動」을 염두에 두고 쓴 것이어서 이채롭습니다. 「動動」은 달마다 다른 세시풍속의 내용을 담은 월령가로서 임에 대한 송도(頌禱)와 연모의 정이 주제라고 할 수 있습니다.

만들어낸 모든 게
업보라면

넘치더라도 안고 가게
주세요

건너는 동안 남몰래
속사정 토닥토닥 다독여

그대에게 이르는 길
밤길이라도 더듬더듬 헤쳐가게

—「업보 – 동동(動動)_서사」 전문

제목 밑에 『악학궤범』 권5에 나오는 「動動」의 서사 “덕일랑은 뒷 잔에 바치옵고/복일랑은 앞 잔에 바치옵고/덕이라 복이라 하는 것을/드리러 오십시오./아으 동동다리”라 적혀 있네요. “만들어낸 모든 게”란 모든 예술품인가요, 모든 피조물인가요? (‘업보’를 제목으로 삼은 것이 마음에 들지 않지만) ‘운명’쯤으로 이해할까요? 그대에게 이르는 길이 달도 없는 밤길일지라도 더듬더듬 헤치고 갈 운명을 마다하지 않겠다는 뜻입니까? 아무튼 어떤 대상을 향한 지고지순한 사랑의 감정으로 시집의 문을 열었습니다. 이어지는 정월 노래가 「사대(四人) 강」입니다.

물길은
물의 생각이고
의지다

물길은
너와 내가
어찌할 수 없는

어섬의 세월을
사연으로 발효시켜 둔

자유로운

영혼이다

—「사대(四大) 강－동동(動動)_정월령」 전문

사대강 사업은 많은 문제점을 드러내며 일단락되었습니다. 그 결과 한강 · 낙동강 · 금강 · 영산강에는 시멘트로 만든 보가 만들어졌고 강인지 운하인지 모를 이상한 물 흐름이 되고 말았지요. 온 시인은 "정월의 냇물은/아 얼었다 녹았다 정다운데/누리 가운데 나고는/이 몸은 홀로 지내누나./아으 동동다리"라는 「動動」의 정월령을 제시하고는 물의 생각이고 의지인 물길을 가로막은 이상한 힘(흔히 그 힘을 권력이라고 하지요)에 대해 문제를 제기합니다. 물길은 "억겁의 세월을/사연으로 발효시켜 둔//자유로운 영혼"이거늘 인위적으로 흘러가게 하여 그 자연스러웠던 흐름을, 즉 자유로운 영혼의 흐름을 막아버렸습니다. 강이 지닌 억겁 세월의 그 많은 사연도 빼앗아간 무지막지한 힘이 그대는 못내 원망스러웠나 봅니다. 이어지는 시는 그달 그달 계절적인 특징을 노래한 「動動」의 작자처럼 계절의 변화에 따른 자연의 다양한 모습을 그린, 일종의 풍경화입니다. 그런데 자연의 이미지가 그다지 밝지 않습니다.

이 산

고라니 발자욱 선명한데

그 옆 나란히 내 한숨 찍으며

백설로 잡혀든다

아으 동동다리

—「진달래꽃 – 동동(動動)_3월령」 끝 연

흐트러진 꽃

흩어진 차향

꽃내음으로 그을리는 봄볕

—「마음은 봄볕 – 동동(動動)_4월령」 끝 연

소리도 없이 가슴도 없이 그림자도 없이

바람은 왜 또 그리 시리게 부는지

그쪽도 그런지

—「맑은 물에 발 담그고 – 동동(動動)_6월령」 가운데 연

붉은 빛살을 따라

숲을 향한 들창으로

주렁주렁 저절로 슬픔 서린다

—「쏟아지는 안절부절 – 동동(動動)_7월령」 가운데 연

3, 4, 6, 7월은 좋은 계절인데 온 시인은 왜 이맘때에 비장미를 느끼는 것일까요? 잘은 모르지만 자연의 아름다움을 천진스레 노래하고 있기에는 지금의 숲과 강이, 꽃과 나무가 자신의 생명력을 마음껏 발산할 수 없게 되었기 때문이겠지요. 경제발전과 국토개발이 능사가 아닐진대 우리는 1960년대부터 50년 동안 온 국토를 파헤치는 데만 골몰해 왔습니다. 10월의 지리산은 어떤가요?

내가
당신이
서로에게 위안이
아니면

허공이지요

메아리 없는 산은
나무가 없거나
숲이 아니지요

—「지리산-동동(動動)_10월령」 전문

지리산은 6 · 25 전후로 이른바 '빨치산'이 준동한 험준한 산인데 어찌된 셈인지 이 울울창창한 가을 산이 메아리 없는 산이라고 하니 믿어지지가 않습니다. 지리산이 많이 훼손되고 오염되었다는 생각이 이 시를 쓰게 한 것이 아닐까요? 개발논리는 4대강뿐만 아니라 백두대간도 허리를 뚝뚝 잘라놓았는데 이에 대한 시인의 분노가 진하게 느껴집니다. 이어지는 시는 고전문학사를 수놓은 작품들입니다. 고전과의 직접적인 연계가 느껴지지 않는 것도 있지만 온 시인께서는 온고이지신의 정신에 입각해 시를 쓰고 있습니다. 백제가요 「정읍사」는 행상인의 아내가 행상 나간 남편이 밤길에 무사하기를 바라는 내용이지요.

진달래 마음이었을 봄의 당신에게
언덕 물들이던 숨찬 걸음 쉬게 하려
그날 아침 새벽을 가로질러 오르던 길가로
여태 잠깨지 않은 진달래 가지 하나
실낱같은 바람에 하늘거리며

꽃눈 깨운다

아랫녘에서 달려오던 붉은 마음 산을 넘고
계곡과 들판으로 훌쩍 사라졌더니 떠날 줄 모르더
잠시 피었다 지는 눈길 붙잡던 당신이 아니라
머물며 서성이듯 오래도록 밝히는 진달래

떠났겠지 돌아보면 여전히 피고 지는

—「여전히 피고 지는-정읍사(井邑詞)」 전문

봄이 오면 산에 들에 엄청나게 피는 꽃이 진달래입니다. 남쪽에서부터 북으로 화신(花信)을 전하는 것도 진달래와 개나리이지요. 소월이 노래한 진달래를 신동엽이 노래했고 다시 온형근 시인이 노래하고 있습니다. "잠시 피었다 지는 눈길 붙잡던 당신이 아니라/머물며 서성이듯 오래도록 밝히는 진달래"라고 했습니다. 온 시인은 진달래의 화려한 색깔에 주목했던 것이 아니라 이 꽃의 생명력에 주목했네요. 얼어붙어 있던 겨울 산천을 분홍색 꽃으로 뒤덮으며 봄이 왔음을 알리는 진달래는 봄의 전령인 것이지요. 이 땅에서 여전히 피고 지는 토종 꽃인 것이지요.

「처용가」는 「움찔 꽃」으로, 「황조가」는 「산꼭대기 찰나」로, 「공무도하가」는 「겨울로 가는 눈망울」로, 「청산별곡」은 「곰배령」으로, 「가시리」는 「폭설 경계령」으로, 「만전춘」을 「저 혼자」로, 「이상곡」을 「다시 눈이 내리는 날에」로 연결지어 감상하니 재미가 쏠쏠합니다. 황진이의 시조 「동짓달 기나긴 밤을」은 「설렘도 아프다」와 비교해서 읽으니 더욱 재미가 납니다. 풋사랑의 가슴 설렘을 묘사한 시가 아닌가 싶습니다. 이들 시에 대한 감상은 독자의 몫으로 돌리되, 「공무도하가」를 텍스트로 삼아 새롭게 써본

시에 대해서는 잠시 언급하고 넘어가겠습니다. 제가 무진장 좋아하여 이 고대가요를 소재로 하여 쓴 시가 5편이나 되거든요.

강물에 뛰어드는 아픈 세월의 유전자를 지닌 새가
밤새 젖은 몸 털어주고 매만지며 거뜬해진 채로
저쪽에서 나타나 이쪽으로 머물다
다시 가장자리로 날아가는 산뜻한 강가에서

햇살 성년으로 눈살 찌푸리며
숲에서 만난 견고한 나무들에 손 흔들다 건너는
백수광부여 그대의 술병 사이로 들이차는
미세한 흙 입자는 털어놓고 가시게
—「겨울로 가는 눈망울 – 공무도하가(公無渡河歌)」 후반부

새가 강물에 뛰어드는 것은 물고기를 잡아먹기 위해서이지만 백수광부가 물에 뛰어든 것은 술에 취하여 취흥을 감당하지 못했기 때문일 것입니다. 밤새 술을 마시고 이른 아침에 강물에 풍덩 뛰어든 백수광부는 강심을 향해 헤엄쳐 가고, 강가에서 그의 처는 목이 터져라 외칩니다. "그대여, 물을 건너지 마오./그대 결국 물을 건너셨도다./물에 빠져 돌아가시니,/가신 임을 어이할꼬."라고 외친 그

곡조가 얼마나 비장했을까요. '公竟渡河'를 결국 물을 건넜다고 번역하셨는데 물을 건넜다면 죽지 않았겠지요. 물을 건너다가 물속에 빠져죽은 것이 아닌지, 다시 생각해보기를 바랍니다. 어떻든 뱃사공 곽리자고는 집에 돌아와 아내 여옥에게 아침에 웬 노파가 남편이 술에 취해 헤엄치는 것을 보다가 강기슭에서 목을 놓아 노래를 부르더니 자기도 그만 강물에 뛰어들어 죽었다고 전했지요. 노파가 부른 노래를 곽리자고는 생생히 기억하고 있었기에 아내에게 불러주었던 것이고, 아내는 벽에 세워둔 공후인을 가져와 연주까지 하면서 편곡하여 불렀지요. 옆집에는 여용이라는 가수가 살고 있어 그녀에 의해 「공무도하가」는 고조선 전국에 널리 퍼졌다고 합니다. 온 시인의 시에서 백수광부는 신선 같습니다. 숲에서 만난 견고한(? 빽빽한? 튼튼한?) 나무들에게 손을 흔들기도 하면서 그이는 강물에 뛰어들었고, 꼬르륵 하고 그만 숨을 거두게 되지요. 이 비장한 설화가 왜 '겨울로 가는 눈망울'이라는 제목의 시가 되었는지는 모르겠지만 인간의 흙으로 돌아가지 않고 자궁 속 같은 물의 세계에 몸을 던진 백수광부를 이해하려고 애를 써봅니다. 물로 된 술이 위장으로 들어가면 불이 되고, 그 불길을 꺼뜨리기 위해 백수광부는 강물에 뛰어든 것은 혹 아닐까요?

제2부의 시부터는 자연에 대한 관찰이 더욱 예리해지고

세심하게 전개됩니다. 저는 김천이라는 소도시에서 자라나서 그런지 나무며 풀이름을 아는 게 거의 없습니다. 그런데 온 시인께서는 서울대학교 농업교육과를 나와 고려대 생명환경대학원에서 조경학을 전공하였지요. 그러니 말채나무, 산벚나무, 물푸레나무 등의 특징을 잘 알아서 시로 쓰는 것이겠지만 저는 식물에 관한 한 완벽한 문외한입니다. 제2부의 시 가운데 저는 4대강 개발로 사라진 경기도 여주군 강천면 일원의 습지를 노래한 시에 주목합니다. 산과 들을 다 뒤집었는데 이제는 강까지 파헤치게 된 것이지요.

> 갯버들이 만들어내는 연초록 뭉게구름
> 물 가장자리로 그어진 연한 곡선의 잔치
> 누구네 집이 더 예쁜지 가려내기 어려운
> 관목 숲 사이로 새들의 둥지가
> 천연덕스럽게 물가를 가로지르며 유영하는
> 오리 떼의 날개를 반짝이는 윤기로 가득했고
> 굽이굽이 유선형을 그려내는 곡에
>
> 발바닥에서 발원하는 가슴 벅찬 생명의 기운.
> 손바닥으로 따뜻함 저절로 돌아 정수리를 휘도는
> 아주 긴 들이마심과 내쉼이

서로 어우러지는

바위늪구비에서 오래된 머무름

—「바위늪구비 습지」 전문

지난 수천 년 동안 동물과 식물이, 곤충과 이끼류가 잘 어울려 살아가던 바위늪구비 습지가 한 사람의 욕망에 의해 지구상에서 사라져버렸습니다. 얼마나 많은 생명이 습지와 함께 사라져버렸을까요? 앞으로 태어날 얼마나 많은 생명체의 대가 끊겨버린 것일까요? 습지를 없앤 사람은 오늘도 말이 없습니다. 아니, 큰소리를 치고 있습니다. 홍수를 줄이지 않았느냐고. 자전거도로가 멋지지 않으냐고. 이 시는 사라진 습지가 얼마나 아름다웠나를 말해주고 있습니다. 에덴동산도 이렇게 아름답지는 않았을 것입니다. 잃어버린 낙원에 대한 안타까움은 이번 시집에 차고 넘칩니다. 특히 "그녀와 헤어진 숲은 고요하여/가슴 허전한 산길의 모퉁이를 삼킨다"(「숲의 기원」)에 이르면 연인도 숲도, 자연도 생명도 다 잃어버린 슬픔에 잠기게 됩니다. 제2부의 시 가운데 제 눈길을 특히 더 끈 시로 「그녀와 해금」과 「혜초」가 있습니다. 김대성 작곡, 노은아 해금 연주로 들은 「불로하(不老河)」는 사연이 있는 곡이지요. 불로하는 강 이름으로, 『돌베개』를 보면 장준하 선생이 일본군 군영을 탈출한 뒤 헤매다가 감격적으로 맞이했던 강입니다. 이

강에 이르러 청년 장준하는 눈물을 흘리며 애국가를 소리 내어 불렀던 것입니다.

잔잔하다 울컥 치미는 장엄함
이국에서 멀리 조국을 향해 울부짖듯 곡진한 음률이 가슴을 저민다
그러면서 빠르게 떠는 새로운 장정의 예고
파도가 넘나드는 힘찬 저울질
마치 끊어질 듯 이어지는
느린 개울 흐름으로 강이 되는 기운

—「그녀의 해금」 제2연

음악을 듣고 난 느낌이 이렇게 한 편의 시를 이루기도 하네요. 김준엽 전 고려대 총장이 쓴 『장정』이란 책을 보면 김준엽과 장준하의 탈출기가 아주 상세하게 나옵니다. 온 시인은 이 책을 보았나 봅니다. 불로하에 얽힌 이야기를 알고서 해금 연주를 들었으니 감회가 남달랐겠지요. 강의 흐름, 강에 다다른 식민지 조선의 청년, 강을 보며 애국가를 부르는 장면, 해금의 곡진한 음률……. 정경과 음악이 감동적으로 만나 언어의 강을 이루었습니다.

다섯 개 나라로 나뉘어 있던 인도를 돌아본 뒤에 중앙아시아 쪽으로 발걸음을 옮긴 혜초라는 스님이 있었지요.

때는 8세기 초, 멀고먼 신라에서 중국으로 유학을 갔더니 인도인 스승은 부처님의 발자취를 직접 찾아보고 오라고 명을 내립니다. 혜초는 20대 초반의 젊은 나이여서 5천축의 부처님 행적을 죽 돌아본 뒤에 중앙아시아 쪽, 거대한 사막 타클라마칸으로 발걸음을 옮기지요.

> 사막의 모래섬에 갇혔을 때 모래 귀신에게 어찌하여 홀렸는지 그림자여 나는 알 수 없어요
> 일렁이는 모래를 사막이라고 생각하였는지
> 오래된 천축국이 어찌 내게 끈이 되어 다가오는지
> 훌쩍 걷기로 맹세한 지금 사막인가요
> 걷다 쓰러지면 내 뼈도 모래가 될 수 있을까요
>
> —「혜초」 마지막 연

혜초는 40개국을 도보로 다니며 보고 듣고 느낀 것을 글로 적었으니 그것이 『왕오천축국전』이지요. 두루마리에 적은 5,893자가 지워지지 않고 1,300년 동안 생생히 남아 있게 된 것은 사막 지역인 둔황의 석굴 속에 들어 있었기에 가능했던 것. 혜초와 함께 사막 여행을 하는 기분으로 이 시를 쓰지 않았나요. 사막은 그때나 지금이나 큰 변화가 없었으리라 생각이 됩니다만.

제3부의 제목이 '농업학교 나무 선생'이로군요. 선생

님의 학업과 직업과 바로 연결되는 제목이라고 생각했습니다.

> 나무를 캐고 뿌리 다듬고 다시 심는 일 어디에 심었나 했더니 내 몸에 심었다 살이란 살 군살이란 군살을 비집고 뿌리 내렸다 움찔댈 때마다 쑤시면서 뒤척이며 군살을 심는다 바늘처럼 콕콕 찌르며 따갑기만 하다 이 무슨 해괴한 짓이냐고 꿈결에 소릴 질렀는데 막무가내 나무 심을 시간이 얼마 남지 않았다고 나무뿌리 들어오는 소리
>
> —「농업학교 나무 선생」 부분

사람과 나무가 동일시되고 있습니다. 나무와 나무를 접붙이기하는 것이 아니라 나무와 사람을 접붙이기하네요. 우리는 매일 식물(나물)을 먹고, 사람이 죽으면 나무 밑에다 수목장을 하니 사람과 나무는 공생관계라고 할까요. 사람보다 수명 긴 나무가 얼마나 많습니까. 나무는 대개의 경우 한자리에서 살면서 생을 마치지만 인간보다 훨씬 많은 시간, 우주의 이야기를 듣는 장수 생명입니다. 인간이 "봄에 꾸는 꿈은 짧"고 "뜬구름 잡기"이고, "따라가다 보면 길을 놓치는 게 인생"이지만 나무는 그렇지 않지요. 사람이 나무 선생인 것이 아니라 농업학교의 나무가 바로 나무 선생인 것입니다.

온 시인은 나무를 몹시 사랑하여 동해 바닷가에 가서는 “솔향에 취해 소나무와 이야기했고”(「그 겨울 전별」), 청계산 삼거리를 지나 와서는 “삼거리에서 만나고 헤어진 이들이/흔적을 비우고 묻어둔 나무들이/버드나무일까 향나무였을까”(「청계산 삼거리」) 하면서 옛 시절의 그곳을 떠올리며 상념에 잠기기도 하였지요. 제3부에서 시인은 여러 종류의 차를 마십니다.

차 만드는 일이
세상살이의 일고 스러짐을
하룻밤에 펼쳐 보이는 애씀이어서

—「임진년 햇차」 가운데 연

맑은 차향
아직 덜 마른 상태로

가슴 속 헤집고 다니던
선차(禪茶)의 풍경

—「다정다감」 끝 부분

따뜻한 지인이 보내는 매화 송이
추운 겨울 맨몸으로 맞이했을 가지

물에 담기니 진한 갈색 꼿꼿하니

희고 환한 세계가 생각을 튀게 한다

—「매화차」 제1연

차를 만드는 일이 설사 돈 버는 상업적인 일일지라도 그런 차원에 머물지 않고 "세상살이의 일고 스러짐을/하룻밤에 펼쳐 보이는 애씀"이라는 통찰에 이르고 있습니다. 차를 전하는 것은 마음을 전하는 것임을 우리는 김정희와 초의선사의 우정을 통해 알고 있지요. 매화가 어떤 꽃입니까. 매화차를 마시며 우리는 인고의 뜻을 새기게 될 것입니다. "더 어찌할 수 없이 평화로운/모공으로 달려드는 노란 고욤 햇살/우렸더니 따사로운 보시로 출렁대는/주저할 수 없는 순한 여운"이란 고욤순잎차의 맛은 어떠한지, "나무가 폭풍우에 꺾이고 해일이 바다를 쓸어도/헤아릴 수 없는 여운으로 마시는" 증차(蒸茶)의 맛은 또 어떠한지 궁금합니다. 언제가 되면 차에 대한 강의를 듣고 싶군요. 온 시인이 끓여주시는 고욤순잎차며 증차며 매화차 같은 것을 마시면서 말입니다. 차를 마시면서 세상의 이치를 궁구하기도 하고 생로병사의 비의를 절감하기도 하나 봅니다. 온 시인은 현미로 만든 밥을 먹으면서 깊은 상념에 잠기기도 하나 봅니다.

목구멍소리는 포만감을 내리누르고
하염없이 씹으면서 생각은
우주를 따라 돌다가
생명의 순환에 올라타더니 내 몸의 기운을 만나
모퉁이로 흐르다가 살성에 연꽃 내음 피워낸다
씨눈의 향이거나
씹고 곱씹는 세상의 한복판이거나

—「현미」 끝 부분

흰쌀에 비해 현미는 빨리빨리 씹어 삼킬 수가 없지요. 하염없이 씹는 동안 생각은 "우주를 따라 돌아가/생명의 순환에 올라타더니 내 몸의 기운을 만나/모퉁이로 흐르다가 살성에 연꽃 내음 피워낸다"고 했습니다. 즉, 현미를 꼭꼭 씹는 행위는 햇볕을 쪼이고 비바람을 맞으며 자란 벼가 키워낸 쌀을 씹는 행위이니 생명의 순환논리에 우리 인간이 동참하는 거룩한 행위라는 것이지요. 우리 인간의 몸은 소우주이니 우주의 이법을 거역하면 안 되는 것이지요. 시집의 마지막을 장식하는 제목이 의미심장합니다.

세상의 모든 지는 것들에게 말을 건다
기어코 터지거나 흘러내리는 것은 일상이라고
싱싱하고 푸르던 잎이 작은 바람에도 달랑 털리며

갈 곳 정하지 않은 채 날리는 것을 본다

—「오호라 지는구나」 제1연

세상의 어느 꽃, 어느 잎사귀 가운데 지지 않는 것이 있을까요. 우리 인간도 때가 되면 다 목숨이 떨어지는 것을. 그런데 시인은 세상의 모든 지는 것들에게 말을 거는 존재입니다. 뒹구는 낙엽을 잡고 보니 이파리 하나의 비밀이 눈물겹습니다. "배부른 잎자루는 선명한 맥박으로 뛰"고, "줄기와 숨결을 나누던 잎자루의 밑 부부이/이별을 준비하느라 눈물겹게 살을 찌웠"던 것입니다. "떨어지는 날의 아름다운 비행을 위하여/남몰래 뭉툭한 직립으로 몇 겹을 이루었"던 것을 알게 되었습니다. 이렇게 나뭇잎 하나도 자신의 존재를 지키고자 애를 쓰는 것이 생명의 이치입니다. 살아 있는 한 살려고 애쓰는 것이지요. 하지만 시간의 수레바퀴에 치어 그 언젠가는 "어디에도 없고 어디에도 있는/너는" 오호라, 지는 것입니다. 이것이 우주의 질서이기도 한 것이지요. 그래서 부처는 "생자 필멸하니 정근 정진하라"는 유언을 했던 것일 테고 예수는 십자가에 매달려 죽어가면서 "다 이루었다"고 말했던 것이겠지요.

오 시인의 제6시집 제목은 '처녀의 숲에 서 있었네'입니다. 숲을 이루는 온갖 초목과 곤충과 짐승들은 우주의 질서를 지키며 공존공영하기도 하고 적자생존하기도 했었습니다. 인간이 이 지구를 지배하면서 만물의 영장(靈長)이랍시고 숲을 불질러 화전을 일구고, 길을 내고, 건물을 지어 올렸지요. 원자력발전소를 만들고 원자폭탄을 제조했습니다. 숲을 베어내 공장을 만들고 개펄을 메워 농지로 만들었습니다. 경치 좋은 곳에 가면 반드시 있는 방갈로, 펜션, 모텔……. 우리는 공기 없이는 살아갈 수 없는데 공기를 만드는 것이 나무인 것은 잘 모릅니다. 천년 동안 숲을 유지한 어느 지점에서 나무를 가꾸며 시를 써온 온 시인의 이번 시집이 풍기는 짙은 나무 향기를 많은 독자가 맡기를 바라면서 해설 쓰기를 이만 멈출까 합니다.

이 도서의 국립중앙도서관 출판시도서목록(CIP)은 서지정보유통지원시스템 홈페이지(http://seoji.nl.go.kr)와 국가자료공동목록시스템(http://www.nl.go.kr/kolisnet)에서 이용하실 수 있습니다.(CIP제어번호: CIP2013024459)

문학의전당 시인선 173

천년의 숲에 서 있었네

© 온형근

초판 1쇄 인쇄 2013년 11월 20일
초판 1쇄 발행 2013년 11월 25일
지은이 온형근
펴낸이 김석봉
책임편집 이현호
디자인 조동욱
펴낸곳 문학의전당
출판등록 제311-2012-000043호
주소 서울시 은평구 연서로11길 7-5 401호
편집실 서울시 마포구 공덕2동 404 풍림VIP빌딩 413호
전화 02-852-1977
팩스 02-852-1978
블로그 http://blog.naver.com/mhjd2003
전자우편 sbpoem@naver.com

ISBN 978-89-98096-58-8 03810

＊이 책은 수원시와 수원문화재단의 문화예술발전기금을 지원 받아 발간되었습니다.